METÁFORA
LIBRE

METÁFORA LIBRE

AMEDD ISSAC

Para realizar pedidos de este libro, contacte con:
Palibrio
1663 Liberty Drive
Suite 200
Bloomington, IN 47403
Gratis desde EE. UU. al 877.407.5847
Gratis desde México al 01.800.288.2243
Gratis desde España al 900.866.949
Desde otro país al +1.812.671.9757
Fax: 01.812.355.1576
ventas@palibrio.com
698738

ÍNDICE

CAPITULO I

SOLO PARA LOS QUE ME CONOCEN

EL GRAN ESTEREOTIPO

¿Quién en su vida nunca ha sentido miedo?. Seriedad jóvenes que en mí han de creer. No soy del todo un buen hombre o alguien ejemplar y eso lo acepto, pero puedo asegurar que si una virtud tengo es el saber besar.

Disfruto ver la mirada perdida después de tocar mis labios húmedos y cubiertos de seda que tanto se obstinan secar a cada exhalación.

Creo que es tarde, he confesado un gran secreto y entonces a partir de ahora tendré que cargar con la responsabilidad de ser el más grande ejemplo de seducción, la fuente inagotable de celos y envidias que nunca pensé convertirme.

Y aunque lo duden que sea inalcanzable no saben lo mal que despierto por las noches batallando por ser menos querido y popular. Son las 2:45 de la madrugada y espero para cuando sean las 7 en punto saberme despreciado tan si quiera un poco.

Ya pasó totalmente mi etapa de vanidad así que dejen de mirarme como si estuviera enfermo, se que soy tan mortal como ustedes y algún día sin lugar a dudas me abriré a la eternidad en brazos del ser que mas esté enamorado de mí.

Por eso quiero darles un consejo, traten de olvidar que existo para que recuperen un poco su vida, nunca imaginen el último día que nos veremos o serán infelices por siempre. Es importantísimo que aprendan a tener su propia sonrisa y mirada, dejen de imitar la mía. Y para los que sólo me han leído y no conocido en persona, pidan a su religión el nunca toparme en su camino, prefiero se enamoren de mis letras y no de mi gran atractivo, recuerden que hay un nivel al que tenemos que buscar a nuestro ser más querido.

EL FILOSOFO BORRACHO

No hace falta llorar esta vez mi dolor no se cura con medicinas. Tampoco pienso sufrir tanto por lo que tendré que buscar alguna solución rápida.

En alguna plática de borrachos recuerdo la sonrisa maligna de el más ebrio de todos, se encontraba parado frente a la única cama disponible del momento y yo como borracho menor que el me acerque para ayudarle a recostarse.

Para mi sorpresa se encontraba balbuceando algunas palabras y recuerdo la mirada perdida que tenía.

Muchas veces los mensajes que necesitamos oír vienen del lugar menos esperado y ese para mi sorpresa fue uno de esos.

Con un tono de burla lo tomé del brazo y ofrecí mi ayuda la cual él rechazó pues me dijo que la cama se encontraba dando vueltas y tenía que esperar a que estuviera lo suficientemente cerca como para aventarse y caer sobre ella, de inmediato reí en mi interior y él prosiguió. Tenía una pequeña lágrima casual apunto de caer por su barbilla cuando me dijo que era la tercera vez que se aventaba a la cama y no conseguía acertar.

Preferí dejarlo solo para que él mismo enfrentara su problema con madurez y llegara a conseguir sus objetivos sin ayuda de nadie pero sus palabras se quedaron grabadas en mí.

A la mañana siguiente salí a tomar un poco el sol, que se esforzaba por secarme, maldito enfermo que no sabe que no hay nadie para que me hidrate con sus besos. Sin ser miope la vista se disminuía poco a poco y el pulso era cada vez mas tenue. Todos algún día queremos ser libres y cantamos canciones de pena y lucha sobre el mar bajo el cobijo de la luna pero vivimos encadenados a la subjetividad de la sociedad, pensé.

Y de pronto tambaleándose todavía, caminó hacia mí aquel Filosofo Borracho de la noche anterior, pude ver un par de golpes en su frente y sangre coagulada dentro de su nariz. Se sentó a mi lado y mirando el sol habló de nuevo:

Da pena el alma y la vida es la muerte, una sonrisa puede llevar amargura y pasión. Una mirada oculta y un gran corazón, son la clave para descansar del dolor que aún no aprendo a tragar. Mi vida es vana siempre que yo así lo decida y mil noches no serán suficientes para aprender a ser feliz. El camino que tenemos por andar es siempre bien llevado desde el momento que tenemos fe de llegar al final, la prosa de la vida se puede llegar a convertir en poema sin final trágico el cual siempre lleno de polvo espera ser soplado para irse en armonía con el viento. Disculparás mi gran y nuevo amigo tantas palabras sin sentido pero hoy me encuentro demasiado inspirado, el ver la magia de la vida en armonía con la naturaleza hace mi mente volar y trabajar más duro por llegar algún día a dejar de ser sólo un filósofo borracho.

Asustado un poco por tanta tristeza miré de nuevo al sol y cuando busqué a mi lado a ese gran poeta noté que se había esfumado.

CORAZON DE LATEX

Quisiera haber aprendido antes a como romper el silencio, en este caso pensando cosas sucias y perversas grité por todos lados que te amaba para que no quedara un alma que no lo supiera, era mi manera de marcar mi territorio como lo hacen los grandes mamíferos. Te molestaste recuerdo cuando te pedí que te tatuaras mi nombre y la verdad no entiendo por que, si ya tienes dueño es mucha la cordialidad que aquel nuevo amante que llegue a tu vida sepa que fuiste solo un préstamo de mi intimidad.

Cada día forjo una pequeña porción de mi futuro con trozos de presente de todas aquellas que se han enamorado de mí ya que al conocer siempre mi posición es fácil disparar directo al corazón para atravesarlo y llevar otro a mi colección.

Pero teniendo ya tan fuerte mi convicción no se por que la soledad me traiciona y extraño tu sonrisa y el miedo a verte con alguien mas me invade poniendo en duda si mi actuar es correcto, por eso lo pregunto en cada rincón femenino al que tengo acceso y no digas que soy un mujeriego por que al día de hoy sigo siendo virgen ya que la inocencia te juro que jamás la he perdido.

¿Quién dijo que estar frente a un cuerpo desnudo y hacerle el amor con el mismo deseo y pasión de un primerizo significa que se ha vuelto uno experto?

El conocer de sobra esos pequeños lugares del éxtasis no apartan de mí la prematura belleza de ser siempre el aprendiz de la cama.

Por eso solo pienso un poco en ti, lo realmente necesario para dejarte pasar y llegue el siguiente reto a cumplir. La siguiente batalla acelerará el tiempo en lugar de detenerlo como yo imaginaba sería.

No creo que todas esas aventuras ganadas sean responsables de mi carencia de amar pues la mayoría puede decir que soy una gran persona y con un gran corazón para pertenecer a una sola mujer. Necesito apoyarme de varias vidas para darle la espalda a la indiferencia.

El gozo se convierte en ira y después deviene en dolor, estando a un paso de la muerte y de aquel sueño perfecto pero a años luz de la verdad. A veces siento que estoy en la ciudad de la lluvia eterna por que es siempre fría y húmeda, pero la mirada asesina de todas aquellas despechadas que una noche anterior guerreando en la cama disfrutaban tanto descansar en mi pecho, suplicando por un beso ahora me hacen sentir solo. Quizás sea cierto que he sido un Patan pero fue siempre pensando en su bien y se que algún día obvio estarán agradecidas de eso, así que por el momento me marcho no humillado por tantos reclamos ya que se que mis niñas serán mujeres algún día y entenderán que todas las historias que se contaron conmigo tendrán un final feliz.

Y para responder la última pregunta que me han hecho, mi corazón efectivamente no es humano, dejó de serlo hace tiempo que decidí cambiarlo por algo que fuera flexible y suave por eso todas ahora me llaman Corazón de Látex.

UTOPIA

Siempre soñamos, a lado de mí camina una historia pero no es nada, nunca lo fue por que alrededor encontré un gran monarca que me cambió. Fue de esas personas que uno cree que son un fracaso pero solo las dejas hablar por un minuto y te envuelven con su inteligencia. Les encanta coquetear con la verdad y esperan a que expongas tus fracasos para atacar directo al corazón.

Y aquí estamos en mi gran ciudad donde tantos quieren vivir, un lado ocupado por las drogas y los vicios, otra esquina por la religión y política, y el centro lleno de miles de soñadores. Recuerdo la frase de aquel monarca que insistía en que la vida no se tiene que desear para en verdad disfrutarla.

Por eso soy soltero y duermo todos los días del mismo lado de la cama, dejando ese espacio para que algún día se ocupe y no estorbe con mi horrible presencia. Guardo respeto para aquella persona que un día compartirá la vida conmigo.

Pero como entendería tu vida si no sé donde dejé la mía, solo imagino que serías muy infeliz conmigo, después de todo acepto que soy feo y sin ningún chiste como dicen vulgarmente. Pero estoy cansado de enseñarle a la gente mirar al interior de las personas, harto de explicarles que es lo más importante y lo que a la larga va a llenar nuestras vidas. Prefiero dejarlas soñar en su ignorancia y verlas sufrir por banalidades.

Reconozco que duele mucho cuando algo que anhelas tanto es arrebatado o se va por su propio pie que es peor, te aferras y lloras para que ese instante no se convierta en momento.

Y a pesar de que nos queda mucho por vivir y demasiado por entregar, nos sentimos abatidos al primer desengaño y aplastamos esa esperanza de miel que a todos se nos ha dado. Preferimos ser pervertidos por la soledad con su sonrisa ruda y dominante, ojos de barro y pechos de goma. Las pláticas de cintura solo podrían terminar con el jugo de la boca pero eso como ya dije, no existe.

Imaginemos que estamos parados en una tormenta, yo recordando cuando te conocí y tu haciendo lo mismo, ambos miramos como los carros mojan con su paso nuestros pies y sin abrir los ojos de pronto tenemos la imagen de nuestra primer sonrisa, ¿Mágico no?

Un rayo cae tan cerca de nosotros que nos obliga a tocar hombro con hombro, la lluvia se vuelve más fría que antes pero aun así nos resistimos el abrazo. El orgullo nos hace indiferentes y continuamos hasta que la hipotermia corta la única esperanza de vida, creo que la batalla por fin termina y al otro lado del lago espero se nos diga que hicimos lo correcto ya que no quiero volver a la vida a repetir una vez más la misma lección.

CAPITULO II

SOLO PARA LOS INTERESADOS

LA CURSI PROSTITUCION

Aunque para muchos la vida es dura me atrevo a decir que para la gran mayoría es fácil, o así debería de serlo. Entiendo que esta llena de dolor pero tal vez muchos viven de eso, las pocas ganas de vivir hacen la mente divagar por un sueño difícil de cumplir donde un solo recuerdo nos alimenta y anuncia a la delicada soberbia que lleva de la mano a la miseria.

Por ahora es mejor tratar de olvidarte y seguir con esta vida de soledad, es mejor comenzar a olvidar la primera vez que perdí el asco, la primer sonrisa falsa, la indiferencia que se esconde detrás de los ojos y el temor a ser el fracaso de una noche.

Muchas veces la alegría del oficio llegaba con escuchar su diminutivo, 4 letras que engloban tantos significados sinceros y sobre todo efímeros como marca la primera regla para no enamorarse.

Es encantador recordar y volver a pensar cómo el día de la muerte para muchos representa el día del nacimiento, la liberación, pero en su sentido más oculto y con toda una larga historia de anécdotas que sueñan ser contadas, fingen ser un loco amante sincero y soñador, capaz de hacer reír a cualquiera con un gran sentido del humor así que por eso me alejo un momento del oficio. Quiero por un instante deberme a mí solamente y disfrutar el bronceado de mi piel con la compañía de mi espejo, un par de tragos por día nada más y ningún producto que altere mi consciencia.

Con este momento de soledad imagino a mi espíritu como un algodón dulce, que a la vez toma forma de suéter y se amolda a mi cuerpo para también quitarme el frío. Que maravilla es poder comer de la misma ropa que te da calor, sería perfecto si también llenara mis ratos de promiscuidad ya que así y solo así, no necesitaría nada más.

Pero la verdad, apenas llevo unos minutos pensando en dejar el oficio y ya lo extraño, me he vuelto adicto a la pasión peligrosa, es mágico y eléctrico conocer alguien cada día y contar 100 veces la misma historia. Adoro amar y odiar al mismo tiempo es como destruir por la noche los castillos de arena que construí por el día y así me confieso inútil de recordar. Todos los días avanzo un pequeño paso en mi evolución por que se que toda acción que se haga con el corazón es totalmente válida para ser admirada y por mi parte confieso que aunque hay días que tropiezo y mis rodillas tocan el suelo, cierro los ojos sabiendo que lo hago por salir adelante. Nunca en mi vida y lo digo con toda certeza he dado un solo paso atrás, a pesar de la humillación recibida y la forma en que a muchos les gusta escupir mi espalda. Yo en mi interior se que todo esto resbala y jamás será un motivo para detener mi más grande sueño, llegar al día de mi liberación, el día en que los ojos de alguien dejen de verme con asombro y la realidad nunca más vuelva a ser distorsionada a favor de aquel que tenga para pagar por ello.

LA NIÑA DE LA MIRADA INFIEL

Hoy el cielo se cubrió de gloria, la esperanza se volvió realidad y las mil bellas miradas que he presenciado en esta vida tan terrenal se vistieron de rosa y negro inundadas por la timidez.

Entiendo que es mi error pensar que a partir de hoy existes, pero me alegra simplemente imaginar que no soy el primero al que hiciste dudar ya que tienes el descaro de sonreír sabiendo que los nervios harán imposible el famoso coqueteo al que estas acostumbrada.

Confieso que me encantaría estar en tu lugar, haber sido bendecida por la belleza física que muchas veces es tu gran aliada para conseguir misiones casi imposibles en segundos. Sabes que el solo respirar crea dudas en los adversarios ya que el encanto y la sagacidad nacieron en ti juntos de la mano. Pero la pregunta es ¿Cuáles Adversarios?

La realidad es tan fría como tus pies que en la noche se agitan diciendo que no, mostrando indiferencia cada vez que descorchas una nueva botella tan cara y escasa como tu belleza, imaginando siempre todas esas mil cosas que podrías hacer conmigo viéndolas proyectadas en tus pupilas dilatadas.

Y sin embargo, no considero la lucha perdida ya que el trago más amargo fue tenerte tan cerca y ahora que se que duermes en algún lugar diferente cada noche, mis días se llenarán de dudas grandes y obscenas sobre tu integridad. Pero eso ayudará a que día a día te olvide más, mi nube pasajera que ya no podré desvestir en silencio, a ciegas tocando tu desnudo recuerdo y oliendo tu respirar agitado.

Así que hoy venciste, dudé de mi sentir por mi amada pareja, cerré los ojos fantaseando con que tu estarías en su lugar y una vez más besé por supuesta ultima vez mi estrella sabiendo que la distancia en años luz sería el camino más rápido de alcanzar tu esencia por lo que no me queda mas remedio que dejar este vino ya abierto y tomarme mejor en las rocas tu recuerdo sabiendo que fuiste solo una extraña coincidencia.

LAS ESPINAS DE LA VANIDAD

¿Qué puedo hacer?. El silencio absoluto no me ayuda en nada, pido consejos y todos me ignoran, pensé que les importaba algo...

Es tan difícil ser bueno y no lo entiendo o será que nadie me ha enseñado a ser malo por que no disfruto para nada cuando veo sufrir a los demás con mis mentiras cuando pretendo obtener algo.

Supuse erróneamente que iba a dominar el arte de ser malvado cuando lo empecé a practicar pero la mirada de las personas me llevaba de nuevo a las estrellas y por ese instante que el contacto visual existe me muestran la gran ilusión que alberga en su interior y que malvadamente yo sé que nunca va a convertirse en realidad. Entiendo que por un segundo sueñan y muerden con los labios ese destino que añoran y obviamente confían en que yo seré aquel que esté a su lado para acompañarlos hasta la meta pero en ese momento mi ternura y debilidad entran en conflicto, una quiere abrirles los ojos para no seguir con la gran mentira y la otra, la debilidad, es la que me impide ser bueno y regreso a la sabía y tan longeva manía de ser malvado.

¿Quién soy yo para romper un corazón?. Recuerdo que siempre quise ser perseguido, soñado, acosado y ahora me doy cuenta de que estaba equivocado. Es tan difícil que me dejen de mirar cuando camino y odio tanto cuando las veo fantasear con mi cuerpo mientras tomo el sol en alguna playa. Al principio era divertido pero creo que me encuentro siempre sin un momento de privacidad lo cual me incomoda bastante. Ya quiero ir por la vida sin dañar a nadie y menos si no lo merece, necesito aprender de ellos sin lastimarlos de manera colateral. Acepto que usé su inocencia varias veces para obtener algo a cambio pero ya estoy cansado de fingir algo que no soy, me acepto atractivo y difícil de complacer, motivo por el cual seguramente no encuentro alguien que llene mis expectativas y por eso me ignoran. Se imaginan que soy inalcanzable y tienen miedo ya de acercarse a mí.

Sí, eso debe ser lo cual me llena de alivio. Por un momento pensé que la vanidad se había apoderado de mí y que todo lo que veo alrededor son solo especulaciones creadas por mi cabeza. No estoy enfermo con mi belleza como me han dicho y por supuesto que nunca he exagerado las cosas, seguramente lo dice la gente envidiosa que no tiene lo que yo tengo.

INTERES PRESTADO

Ayer estuve justo donde me gusta imaginar mi vida, que les puedo decir de esa zona de alto nivel en mi gran ciudad. Estoy seguro de que nadie de mis lectores la conoce, así que como soy un buen hombre les platicaré detalles de no pobreza a la que nunca tendrán acceso.

El estilo de vida se llama elitista y soñador pero en realidad para mí fue algo natural que siempre en mi interior he llevado, si bien las circunstancias actuales me tienen preso en algo parecido a la clase media, sé que pertenezco al alto estrato de esta sociedad.

Y para nada quiero sonar interesado pues digamos que sólo cambio un poco de juventud y potencia sexual por un poco de lujo al que sé me pertenezco. Digamos que es un pequeño trueque energético del que ambos somos triunfadores, nadie forzosamente tiene que perder el estilo de su vida y nos damos sólo lo que nos sobra por lo que lo considero justo.

Miren que la saliva me sobra y a ella el dinero así que volveré al momento que empezó todo y llegué por primera vez a su vida, dentro de un centro comercial al que me gusta ir a buscar víctimas de mi belleza casual, sin embargo no quiero exhortarlos a hacerlo pues deben tener encanto para cada semana cambiar el guardarropa y en verdad no creo que lo consigan así que mejor sigan escuchando mis prosas que serán lo único interesante que hoy leerán.

Para empezar debo confesar que a veces siento un poco de asco pero ya que la abundancia sabe cobijar bien, empiezo a ver la belleza interior de las personas y a pesar de que no me considero nada espiritual siento que aprendo a ver cosas que la gente normal no hace. Por ejemplo al besar la cara arrugada y áspera de mis parejas valoro mas mi juventud, el encontrar la cama llena de canas me hace absorber todo tipo de experiencias del pasado y es en verdad un gran logro no vomitar después de acariciar todo aquello que la gravedad se ha llevado con el tiempo y espero sepan de que hablo.

Pero dejaré de ser engreído por que sé que alguien quizás llegue a la altura de mis encantos y daré algunos consejos para escalar de nivel social. Después de todo en mi sociedad siempre hay gente sola y necesitada de amor y gracias a hombres tan buenos como yo, hay menos solteronas deprimidas por el mundo y sin ser envidioso puede que esto también le quede a alguna mujer que se sepa bella y quiera aprovechar mi experiencia en tomar un poco de interés prestado.

Primero que nada debemos invertir un poco en imagen, la cultura e inteligencia no son importantes por ahora, nuestras presas no buscan eso en nosotros, perdón por la palabra presas, mejor llamémosles clientas o clientes según pueda ser el caso, en este negocio que el amor no existe da igual el genero de donde provenga el resultado.

Espero que con mis palabras sientan un poco de asco pues es algo que deben aprender a tragar así que después de una larga asesoría con el espejo debemos cambiar la actitud egocéntrica para que vaya de la mano a nuestro lado, las miradas coquetas no aplican hasta que encontremos la depresión fugaz que estamos buscando.

El primer encuentro debe ser extraño pero siempre fingiendo estar nerviosos, eso les encanta y nos hace ver frágiles como tiernas mascotas que buscan ser mimadas, recordemos que nuestros clientes buscan de manera desesperada dar amor por lo que debemos estar receptivos de todos esos detalles que nos hagan más interesantes.

Ahí es donde debemos dejar escapar la sagacidad para con engaños y metáforas adulemos a nuestras vacías presas que pronto empezarán el arte del despilfarro.

Quiero enseñarles a ver a futuro por lo que entre más pronto se entreguen, más rápido estarán cambiando de residencia. En mi experiencia un mes es suficiente para cambiar de ropa y accesorios cuando llegas a un alto nivel de chantaje. Recordemos que la moda camina de prisa así que como las hojas caen en otoño, nuestros clientes pronto se aburrirán de nosotros por lo que debemos ser fugaces e inteligentes en semanas.

Acepten todo tipo de regalos que vengan del oficio de ser atractivos y dejen que la persona en cuestión los humille y maneje a su antojo, el orgullo en esta profesión debe quedarse a lado mientras estamos en ese intercambio de excesos.

Así que los dejo para que empiecen ese camino que les recomiendo tomar, dejen de preocuparse por ir a la universidad y superarse como personas, la verdad es que la sociedad no nos necesita y dedíquense al arte que comento, nunca ha sido mas fácil salir adelante de otro modo y disfrutemos los logros de los demás, total si la gente estuviera completa con su vida nadie de nosotros seríamos necesarios.

CAPITULO III

SOLO PARA METAFORISTAS

UN VALS A CIEGAS

¿A qué sabe tu día?. Me encanta empezar siempre preguntando eso, quizás el sabor dependa del vals que pretendas bailar por la noche ya que cubriendo las ideas con una venda sobre los ojos nos es más fácil encontrar la manera correcta de fingir nuestro actuar.

He escuchado que por cada sonrisa franca el promedio en contra parte es de 10 lágrimas profundas y espesas, siempre que sentimos celos por algo la mirada denota un colapso en la sangre, el corazón insiste en que su función primordial es revolucionar la sangre por lo que enfadado tiende a ignorar nuestro mal humor. Por su parte la respiración rompe el silencio en nuestros momentos de meditación, sentimos que el aire choca dentro de nuestra cabeza persiguiendo pensamientos pero no olvidemos nuestro vals, por que apenas empieza.

Las primeras notas usualmente son sensuales, son como la primer parte del día en el que nos mostramos tal y como somos, siempre antes de la ducha y sin ninguna carga en la espalda. Mientras nos miramos al espejo los labios dan la ilusión de expresar 1000 cosas o tal vez más, sin embargo es justo en ese momento cuando empezamos a fabricar la realidad que nos acompañará ese día.

De manera aleatoria seleccionamos la cara que llevaremos puesta, algunas ayudan a tapar el dolor que son las más fáciles de usar, otras disminuyen la preocupación y quitan el sueño, etcétera hay miles.

Caminando por la calle saludamos aquellas máscaras que nos son familiares, nos sentimos identificados y una sonrisa discreta acompañada con un asentimiento de cabeza genera la chispa que nos hace pensar que todo esta bajo control. Es tan fácil fingir, sabemos que nuestro rostro esta oculto.

Muchas veces llegando al trabajo empieza el primer momento de alegría, en lo personal me encanta llegar a saludar a esa máscara que infringe las leyes de la amistad pura, es encantador ver como va combinada ese día. Tal vez se este burlando de mí en silencio pero el juego atrevido y la lucha que se lleva a cabo siempre hace que el momento sea más placentero.

Pero a la mitad del día me encuentro comiendo solo, suelo contar los minutos y si nadie me mira me permito desnudarme para no olvidar todo aquello que guardo por dentro, la carga que al principio era ligera se vuelve más intensa con todas las cuestiones que son como pequeñas notas adhesivas que hacen más pesada mi espalda.

El regreso a la fingida realidad me recuerda que en la noche tengo el mismo compromiso de siempre, bailar a ciegas para tratar de conseguir un amor pasajero, lo confieso he sido capaz de pagar por un mililitro de saliva pero estoy seguro que hay más gente como yo, que día a día fabrica en una nube su sueño, olvida lo bello que es el aprendizaje y renuncia a las mejores cosas que hay en la vida. Tal vez sea un desvío emocional pero creo que se nos ha olvidado comer de las frutas prohibidas.

Por eso esta noche cuando regrese a casa volveré a luchar por dejar de fingir, estableceré las reglas del mañana para dejar todas las cosas que no muestren mi desnuda realidad. Sé que esta es una promesa que hago todos los días pero estoy convencido de que mañana por fin lo lograré, es un proceso difícil que quizás me lleve al fracaso pero ¿Qué se pierde con intentarlo?.

Aunque para ser sinceros creo que necesitare de ayuda, se me ocurre llevar de nuevo mis máscaras para que me acompañen en caso de emergencia. Así lo haré sólo como precaución para no caer en crisis, pero esta vez estoy consiente de que la meta es aprender a disfrutar todas las cosas bellas que hay a mi alrededor.

Esa será mi táctica, cubrir mi rostro para observar a mi alrededor siempre consiente de que cuando sea fuerte no será necesario volver a fingir quien no soy nunca más.

TE ESPERO CUANDO HAYAS PERDIDO LA GUERRA

Dicen que primero te pierdes en su pequeño mundo, con ellas, siempre a la defensiva mirando todos los rincones buscando la salida. Muchas veces solo alcanzas a distinguir una leve sonrisa dentro de las sombras, la mirada que acaricia como el suave algodón y los clásicos recuerdos tallados en madera para que se guarden como trofeos. La muerte llega tan rápido que no te das cuenta y de pronto el cortejo de ángeles ya te están recibiendo.

Si consigues tener suerte antes de pasar al otro lado del plano vital, nuestra vida puede quedar inmortalizada en una cajita de música que toca desde las partes más tristes a las más alegres, y aún así con todo lo que esto representa es increíble pensar que nada vale para ti.

Me considero una gran persona y sé que para alguien debo ser una gran pareja, así que escuchando a la luna que es mi única amiga por las noches, te dejo ir a buscar esa pelea que tanto te llena. Es parte un poco del crecimiento que debemos tener como personas, no es por que la vanidad me devore, pero estoy convencido que a mi lado estarías completa pero ¿Quién soy yo para impedir tus batallas?.

Aun recuerdo el momento que dejaste la puerta abierta y te marchaste para buscar un nuevo delirio, advertí en silencio que siempre antes de ganar la guerra debemos perder varias batallas y siempre cobijado bajo la sombra de mi nocturna amiga jugué en silencio con tu inocencia y todas las atrevidas faltas de respeto que te enseñé a moderar.

Fuiste mi niña y creación que un día decidió abandonar el nido.

No te tengo rencor por que bien sabias que solo no me iba a quedar, encargado me dejaste con mi amiga de queso y noche a noche cantándome al oído me llevaba al sueño. Sin embargo se que al sonar de mi guitarra las cuerdas rechinan pidiendo tu regreso que por el momento sé que no es nada viable, partiste con la esperanza de no volver y que yo formara parte de sólo un recuerdo.

Y quizás tengas razón en buscar más peleas, no me gustaría que guardaras nada en tu baúl de ideas. Esa frustración a todos nos termina marcando y jamás dejamos de soñar en ese camino paralelo que pudimos andar. Por eso prefiero quedarme aquí esperando, todos me miran con lástima pensando que estoy haciendo mal en esperar que vuelvas, ¡Qué va!.

Nadie tiene idea de lo que dice, no sabes que soy un gran hombre, un gran esposo y sobre todo un gran viudo. Nadie tiene la alegría de ver la vida como yo, pensando que el tiempo lo cura todo y al mismo tiempo lo devuelve a donde pertenece. Así que ve y enfrenta la vida, llora sin mi pecho y derrama sangre sin mi consuelo, te reto a que no me extrañes y sepas que estaré ahí para levantarte. Vive un poco sin mi complemento y aprende a ser malquerida por todos, quiero ver como eres deseada por miles para ver si sabes enfrentarte a todo eso. Aquí estaré todas las noches cerrando los ojos, quiero aprender a escuchar nuevamente mi respiración y dejar de buscar el vaho de la tuya; tengo la esperanza de que el viento lleve hasta tu trinchera un par de palabras:

"Te Extraño"

SOMOS 6 POETAS MUERTOS

Ayer regresé de un fecundo viaje a la tierra de la ilusión, donde la alegría es lo mismo que la tristeza y no se permite llorar si no es forzosamente necesario, ahí te enseñan a bailar alrededor de las cosas que fingen ser reales.

El comienzo de la travesía tal vez fue un poco incierto pues nunca estuve convencido realmente de que fuera lo mejor o tan siquiera lo mejor para mí porque siempre en los momentos de duda tenía una mano amiga que me regresaba al buen camino que la sociedad insiste en dictar.

El primer paso iba a ser guiado por una estrella vacía y un par de ojos que iluminarían en la obscuridad por lo que el miedo nunca fue más fuerte que yo y reconozco que al llegar fui bien recibido por que se notaba que mi alma había quedado atrás y con un poco de lástima fui guiado a la primera etapa de mi sanación donde recordé todos esos momentos que ameritaron ser escuchados.

Uno de los poetas que aun se encontraba en agonía me explicó que los errores aprenden del hombre para volverse más fuertes y seguir causando daño. Aprenden a burlar el ego para entrar directo a la parte que siempre nos avergüenza y llenan de frío el crecimiento que podemos tener. Por eso hay que luchar entre compañeros y esperar que el siguiente loco que muera no se atreva a abrir los ojos de nuevo.

Por más que pase mucho tiempo hay que aprender a ver estando ciegos para poder leer a la gente que no tenemos cerca. Es básico para ser un buen poeta mirar con los sentidos que fueron hechos para escuchar, la traición nunca nos lleva a la muerte y un buen día de sol nos hará sentir sofocados tentándonos a resucitar.

Pero eso sería buscar la salida fácil, y entre nosotros tenemos que ayudarnos a permanecer muertos, nadie quiere ser recordado por la eternidad como alguien importante. Es mejor dejar una huella en el tiempo en lugar de la inmortalidad.

Por eso al terminar las últimas estrofas prometo dejar de hablar, me dejaré caer en silencio y reposaré a lado de los girasoles que tanto me encantan. Necesito permanecer quieto por muchos años a lado de mis fieles compañeros que harán lo mismo, olvidemos todas esas cosas carnales que alguien dijo provocaban placer, no creo que importe eso.

Mejor publiquemos nuestro sentir que mucho trabajo costó llevar a la realidad y esperemos que nuestros lectores no se encuentren ya muertos junto a nosotros.

LA SUMA QUE SIEMPRE RESTA

Alguna vez se han preguntado ¿Por qué nuestro padre creó la belleza?

Es algo difícil de imaginar que vaya de la mano de la sinceridad, honestidad y que se yo todas esas virtudes que la creencia popular dice que debemos ganar algún día. Es pecado aprovechar unos tiernos ojos y un bello semblante para prostituirse a cambio de un cómodo fin pero la ingenuidad desbordó a tal grado de mostrar la fría verdad que encerraban tus palabras y confieso que lloré abrazando la cama cuando me dí cuenta de cómo eras y que cada detalle construía los pilares de una gran diferencia. Fui un tonto inteligente por que pocas veces entregué algo sabiendo que no iba conseguir nada a cambio, el juego del placer siempre se disfruta de ambos lados del cuerpo y contrario a lo que todos piensan creo que cuando el amor es lejano siempre es verdadero.

Pero en el fondo se que buscas alguien que te ame, todos algún día soñamos con eso. Somos esclavos de nuestros buenos recuerdos ya que nos dan alimento los días de sequía cuando nadie se pregunta como vamos por la vida. Son momentos tan secos que parece que tragamos espinas ya que el dolor siempre viene de adentro y se siente como se clava cada vez más profundamente.

Pero no mientas sé que mis detalles conquistan, tengo una larga historia de enamoradas que harían tanto por ellos y sé que al escucharlo me odias ¿Verdad?, bueno no me odias realmente, sólo me desprecias ¿No?, sólo un poco quizás o casi nada, no se da igual. Puede sonar confuso pero no lo es, creo que en el momento que empezamos a dudar nos enamoramos más.

Pero la matemática no siempre es exacta y todo el mundo lo sabe ya que en mi caso que les quiero contar el día de hoy, suena de pronto en muchos oídos de mis escuchas. La sobreexplotación de mis virtudes fue vaciando las de esa persona y pocos conocen el arte del "sobrecomplemento" y para la gran mayoría es algo que jamás hubieran imaginado existía.

Mi historia comienza en el momento que empecé a dudar y por lo mismo amé sin freno alguno llenando cada pequeño espacio que hacía falta de la mujer en turno. Mis aciertos sumaban errores hasta que por fin la ironía estalló convirtiéndose en una larga fila de reproches y peleas que llegaban nuevamente al mismo fin. La resta de méritos que según yo era sólo el hundimiento de carencias que me hacían más sabio.

Por eso hagamos un pequeño ejercicio, debemos tener los ojos cerrados para llevar la mente más lejos. Imaginen que todos los días llenan las necesidades de alguien de quien dudan y por consiguiente aman, puede parecer que nunca va a faltar nada en la vida de aquella persona pero secretamente estamos restando habilidad propia de madurar, suena increíble pero sin saberlo todos esos grandes aciertos terminan llevando a cero el contador final para dar paso al túnel donde me queda claro que la luz nos estará esperando.

CAPITULO IV

SOLO PARA AFORTUNADOS

AYER 25 DE FEBRERO

Por un momento cerré los ojos y creo que viaje por el tiempo ya que fue la primera vez que estuve en la misma cama que tu y aunque no fue como lo soñé puedo decirte que me encantó.

No tengo palabras para agradecer lo que me haces sentir y como te he dicho hace poco, no importa que no correspondas. Pocas personas tienen la habilidad de despertar una pasión tan grande como esta y por un breve tiempo pensé que no conocería el amor y es que con cada aventura nueva que besaba mi tiempo me juraba enamorado, mis ojos que regularmente estaban secos e irritados de pronto lloraban sangre por lo que entendía era amor y gracias a ti descubrí realmente lo equivocado que estaba.

Llegué a pensar que estaba solo pero me di cuenta que a cualquier persona que miraba en la calle le encontraba parecido contigo así que a pesar de que estuvieras lejos tu recuerdo viajaba conmigo, nunca tengo frío por que siento tu largo y rizado cabello cobijándome y a cada respiro que doy tu perfume llena mis pulmones aún sabiendo que no estas ahí.

¿Y por qué se que no estas ahí? Por que abro los ojos y veo que no eres la que esta a mi lado, desnuda, tranquila y en sueño profundo como si hubiera sido atacada por una fiera en la cama que deja exhaustas a sus amantes y trato de levantarme sin hacer ruido y de prisa buscando fotos tuyas o algún recuerdo que me diga que sí existes y no formaste parte una vez más de mi sueño pero creo que es inevitable la realidad.

Volví a la cama para encontrarte de nuevo en ese pequeño mundo ideal que se da cuando cierro los ojos y para mi fortuna ahí estabas de nuevo así que corro a abrazarte y ésta vez me llenas de besos, tu lengua moja todo mi cuerpo una y otra vez hasta que por fin duermo a tu lado que aunque sea en sueños para mi toma la más pura realidad y nadando en ella me dejo llevar por tus caricias y espero despertar contigo a mi lado mirándome pues recuerdo la confesión que me hiciste y sé que te encanta observarme mientras duermo esperando el momento que abra los ojos para recibirme con un cálido beso.

Y finalmente desperté como sé que tu esperabas, pero otra vez no eras tú y lo supe por que ella no tiene los ojos de miel que encantan, desesperado traté de dormir de nuevo alegando que seguía cansado frente a tu usurpadora pero ya no me fue posible. Me puse de pie para evitar estar en el mismo espacio que ella y de pronto recordé un viejo álbum de fotografías que tenía guardado, batallé un poco con su mano que no quería dejarme ir pero finalmente la victoria fue mía y pude salir corriendo a buscarte entre esos recuerdos, necesitaba cerciorarme de que en verdad exististe alguna vez en mi pasado y para mi sorpresa esa usurpadora dijo abrazando la almohada:

"Todavía no la olvidas…"

Derrotado regresé con la impostora quien amablemente me recibió tapándome con la misma sábana pero mi astucia fue grande y nuevamente esperé a que ella durmiera.

Esta vez hice mi mejor esfuerzo para no despertar dentro de mi sueño y cerciorándome que estaba en la realidad abrí ese viejo álbum de recuerdos que no pude mirar antes y ¡Estabas Ahí!. Yo sabía que tenía razón y sí existías. ¡Te veías hermosa con tu vestido de novia!

Pero espera, algo anda mal por que en las siguientes fotos estas con alguien más, ¿Por qué lo besas a el?

¿Qué hago a lado de ustedes con esa cara de tristeza?

¿Y la impostora también estuvo ese día?

No puedo creer que ella sepa todo esto y no me haya dicho nada antes, o quizás a eso se refería cuando me dijo

"Todavía no la olvidas…"

365 DIAS DESPUES

El tiempo en verdad que pasa rápido y hoy no se nada de ti, en cada rincón del departamento al que volteo te imagino. A veces viendo por la ventana, otras tantas cocinando y disfrutaba ver como las cosas se te resbalaban de las manos por distraída, sonriendo te agachabas para levantarlas y apenas te diera la espalda te acomodabas la ropa interior que siempre escogías ajustada. Me encantaba sorprenderte por la espalda y sentir tu sonrisa pícara y discreta.

Recuerdo que dabas 3 vueltas a tus rizos con tus dedos cuando te enviaban algún mensaje interesante en tu celular y ahora que ya no estas creo entender quien te enviaba tan atrevidas señales pero debo agradecer ya que esa mirada de ilusión muchas veces llenaba mi mente para todo el día estar pensando en ti. Frecuentemente tus nervios te traicionaban y ocultando toda timidez clavabas tu mirada al suelo buscando tranquilizarte. Contraatacabas con malas palabras o enojos pero puedo decirte orgulloso que todas las noches a pesar de que la incomodidad era nuestra acompañante en la cama, dormía convencido de que tu bienestar y felicidad completaran todos tus días.

Quizás por eso te dejé ir sin recelo, estaba convencido de que a mi lado un gran futuro nos esperaba pero mi filosofía dice que ha esta vida venimos a aprender y no necesariamente disfrutar por lo que dejé que caminaras fuera de mi alcance, resistí los embates del orgullo que antes me saludaba de beso, lloré en silencio pasando los días dejando tu lado de la cama libre como señal de luto, fui el más fuerte de los hombres por todo el tiempo que las nubes obscurecían mi cielo.

En este mes que es mi favorito, escribo estas letras como regalo por tu tiempo, tu esfuerzo, tu entrega que fue total la mayor parte del camino que construimos en su momento. Gracias al malvado libertinaje tu ausencia fue menor, es bastante divertida la comparación una y otra vez que mi mente se empeñaba en exponer, todos los recuerdos venían a mi cuando cerraba los ojos y escuchaba una risa extraña junto a mis oídos. La respiración agitada enfriaba el sudor que tenia en mi pecho y la vida una vez más me enseñaba los mil caminos que tenemos por delante.

Finalicemos el mes ya, se que faltan todavía unos días pero no veo por que esperar. Quiero que termine la pena por este año, el próximo seguramente rendiré una vez más tributo a ti pero por lo pronto creo que estos días han sido suficiente de abrazar tu recuerdo, prometo ya no llamarte con la mente hasta el siguiente año que se cumpla nuestra fecha de separación, debes estar contenta de que aunque pase el tiempo se te recordará con eterno agradecimiento y admiración ya que fuiste un pilar en mi vida que nunca nadie podrá derribar.

EL MEJOR SOLTERO DEL MUNDO

Siempre he pensado que la manera de encontrar el sentido de la vida viene oculto entre nosotros. Mucha gente no concuerda conmigo pero la verdad a mi pensar gran parte del mejor aprendizaje es cuando compartes todo el tiempo contigo mismo. La buena fortuna siempre acaba con todas esas peleas que uno tiene con su pareja y en mi posición siempre a la defensiva me doy cuenta que el mejor escudo para evitar hostilidades es el retiro a la interacción total.

Por eso a partir de la fecha del presente escrito voy a declararme el ser más afortunado del mundo, nunca me ha interesado la opinión de la gente a mi alrededor pero apoyándome un poco en la ciencia decidí hacerme una cirugía para quitarme el corazón. No necesito en esta nueva etapa sentir algo ya que las reglas de la vida implican siempre dolor cuando se trata de amor, ¿Por qué no puede ser solo placer y ya?. Las estadísticas siempre serían más satisfactorias para todos pero esto parece en verdad un complot para ver quien sufre más sobre su camino y por eso orgulloso de mi decisión dejo a lado todas esas cosas que implican más de un día de atención, y espero en poco tiempo convertirme en un gran maestro de la intuición.

Pero tal vez después de tantas palabras ni si quiera haya dicho bien de que se trata todo esto, así que resumiré lo mejor posible para que muchos se puedan unir a mi causa, y el plan empezaré a elaborarlo de manera discreta con las pocas experiencias que vaya recabando.

Básicamente se trata de ser eternos enamorados de uno mismo, pretendo que todas las decepciones sean originadas desde mi interior para no tener que llorarle a nadie ajeno a este cuerpo, al principio estaremos un poco locos pero se que a medida que mejoremos la técnica ya no lo pareceremos al besarnos en el espejo. Hay que aprender a dormir abrazándonos a nosotros mismos para no padecer frío por las noches y los días de aniversario escoger todos los presentes para auto completarnos, ya nunca más tendremos que ir pidiendo consejos sobre que regalar ya que ¿Quién se conoce mejor que uno mismo?

Del mismo modo no habrá que pedir permisos para jugar a ser diferente, todo el sueño es mío totalmente y me encanta la idea de ser tan envidioso para no compartirlo con nadie más.

Quizás el placer no sea el mismo pero ya aprenderé a mejorar mis técnicas de exploración para no extrañar nada de lo que ya me sabía experto. Por eso una vez más me declaro inmune al dolor y a partir de ahora viviré en completo retiro, no piensen que esto se debe a un fracaso por que no es así, también me declaro inmensamente feliz así solo como estoy, sin nadie que te cobije y te entienda, sin nadie que te escuche y te haga enojar, obvio no me interesa formar parte de una familia y mucho menos recibir muestras de amor mas que de mi mismo.

No soy fan de todas esas festividades que tenemos al año así que puedo pasarlas perfectamente bien solo en mi casa y quiero que dejen de buscarme pareja pues así me siento absolutamente mío por lo que a partir de hoy toda la felicidad es mía y no tengo que dividirla con nadie más.

LA GRAN INSTITUCION

Un día prometí que iba a vivir en la ciudad más bella del mundo, la decisión fue tomada cuando gané la suficiente estabilidad económica como para darme ese lujo, todo fue un gran júbilo y la celebración no se hizo esperar. Invité a toda mi gente querida que me vería partir solo a mi siguiente nivel de evolución, las preguntas del por que me iba lejos de mi familia y toda esa hermosa gente que siempre hace tus días buenos y malos sonó en mi cabeza, pero ¿Quién dijo que vivir en la abundancia pero lejos de tus compañeros de vida era lo mejor?

Así que para sorpresa de todos me quedé en mi ciudad ayudando a todo aquel que lo permitiera, ninguna tierra me reclamaba más que la casa donde siempre fui bien recibido. La noticia levantó mil sospechas de trastornos mentales pero yo siempre en mi interior que no vive de consejos me dejé sordo a todo eso para seguir con mi siguiente plan para ayudar gente.

Es realmente increíble que nadie se de cuenta lo bien que se siente mientras uno ayuda al necesitado, la satisfacción muchas veces regresa pronto a tu bolsillo pero no hay que pensar que la gente como yo vive de sacar provecho de la desgracia ajena, estoy convencido de que no hay ser humano o institución que se permita tal grado de sagacidad.

Después de esto vino una plática con un ser demasiado especial, su inocencia despertó en mi la verdadera intención de ayudar al necesitado, si bien mi ciudad no es la más moderna del mundo y sus desgracias son contadas, ¿Por qué no ir a buscar abundancia en el resto de mi país?

Y con abundancia obvio me refiero a ser el mismo noble individuo que busca desgracias para convertirlas en sueños hechos realidad. Adoro a mis organizaciones amigas que en verdad no ven todo el potencial que ofrece el hambre y la salud. Por eso para ellas ofrezco mi más sincero respeto.

Mi mentalidad cada día viajó más y más hasta buscar con desesperación la peor ciudad del mundo, ya mi poder prestado era tal que sobrepasaba fronteras y yo siempre tan cordial con todo el público a mi alrededor me instalaba en las ciudades que siempre había querido conocer pero en esta ocasión era para el siempre hermoso arte del lucro oculto. Ahora mi ejemplo a seguir era todas aquellas personas que controlaban en secreto las sociedades, nunca me he atrevido a hacer daño pero me parecía increíble que la guerra y epidemias fueran mas rentables que la filantropía.

No quiero sonar fatalista pero todo esto es para un buen fin, prometo que cuando tenga todo el poder y control mi ayuda será sincera totalmente, pero antes debo seguir mi camino puntual generando sonrisas para que mis compañeros de trabajo tengan mas clientes que aplastar.

Y como dicen los espiritualistas que son mis favoritos, por algo nacimos y estamos donde estamos, increíblemente todos y cada uno de nosotros tenemos una misión en la vida, en mi caso, agradezco ser tan bueno como para poder apoyar a tantas personas que con algo tan sencillo me hacen ver abstracto. Creo que he hecho bien mi trabajo y a cambio digamos que sólo he construido un imperio cuyos cimientos fueron hechos de dolor y miseria literal.

CAPITULO V

SOLO SI EXTRAÑAS A ALGUIEN

LA CASA DUERME

Nuestra casa duerme desde que te fuiste. El silencio que has dejado empieza a tener la forma de tu partida.

La sonata de tu risa daba ese tierno encanto junto con los acordes imbéciles que dejaba tu mirada por lo que ahora nuestra casa yace en silencio en espera de tu voz, la has dejado malacostumbrada a ti. Ansía todas las mañanas el primer "Te Quiero", las veces que la cuidabas y acariciabas limpiándola, las lágrimas que usabas para enjuagarla junto con todo ese aire que exhalabas para darle un poco de ti.

Ella me lo cuenta todo y siento el dolor que sacuden sus cimientos, veo la obscuridad que se ha apoderado de ella ya que insiste en mantener cerradas las ventanas para guardarte un curioso luto y no permite entrar a nadie más.

Su sangre eléctrica fluye lentamente ahora y el frío que reina detiene su paso. Sufre por que ahora será más vulnerable al invierno y teme esta vez no resistirlo.

Intenté buscar ayuda profesional y desesperado marqué mil números que el periódico me enseñó, pero con un sarcasmo todos respondían que nadie puede curar la tristeza de una casa, insistí en que no era yo el que estaba loco pero uno a uno fueron colgando el teléfono maldiciendo por el tiempo que según ellos les hice perder, por lo que me atreví a mirar mi negro pasado pues quizás tenían algo de razón.

Aquella fineza fue el sello de mi fiel princesa y su inteligencia fue suficiente para que de las dos opciones que tuvimos escogiera la mas tonta, fue un buen truco jugar al uso de la no razón y continuar así de inmadura, las piezas del ajedrez fueron acomodadas para hacer creer que la seriedad no existía en esos pocos años de vida.

La casa tiene la debilidad de la inocencia, la adora y honra excitándose recordando cuando ella misma era joven y soñaba despierta.

Sabe que no tiene al mundo encima y no necesita escribir prosas para sentirse mejor, que ridículo sería eso.

Por eso hoy decidí pasar todo mi tiempo con ella, necesito curarla y sacarla de ese error en el que se encuentra. Estoy cansado de que todos me ignoren y crean que he perdido la razón, hoy les demostraré que mi casa tiene vida, incluso más que yo, y ahora me necesita tanto a su lado, requiere toda mi atención por que tal vez en un momento de profunda tristeza cometa alguna tontería que jamás me podré perdonar.

CEREZA Y CARMIN

Por un segundo trato de estirar mi lengua para ver la punta ya que desde hace mucho tiempo no he oído decirte lo que pienso, pero sobre todo, no he podido decirte lo que espero, quisiera encontrar eso que le impide salir de mi boca ya que se ha vuelto una carga que cada día me cansa más.

En estos momentos no sé si estoy vivo o no, solo recuerdo que cerré los ojos y empecé este sueño del que no sé si desperté pues me siento ausente de mi cuerpo y apenas puedo hacer un par de cosas antes de quedar inmóvil y en silencio viendo los días pasar y sintiendo la frustración crecer en mí, me ahoga, me da sed, y por último me deprime que de todo esto es lo peor.

Pero es raro sentirlo, por un momento pensé que no eras tan importante y llegué a creer que tu nombre era un sinónimo del capricho que ha llenado todo este tiempo mi mente sin embargo es este ardor el producto de mi estupidez, es el sentir de un verdadero fracaso y no los que yo pensé que había tenido por que en serio que te haz llevado algo que se nunca podrá regresar a mí, nunca nadie podrá dármelo de nuevo en esta vida. Mi esencia ahora te pertenece y lo peor es que se a ti no te interesa.

Pero ya no quiero sufrir más, ¿Acaso es algo que merezco?. Mi único delito es la incredulidad que ya forma parte de mi día a día y ahora por fin entiendo y creo en la decepción por que te has ido llevándote la parte de mi vida que me interesaba compartir.

Pero vamos no hay que caer en más lágrimas, siento que tienes mucha razón y el sabor que tienen despierta mi paladar para probar nuevas bocas hasta volverme adicto al exceso. Por eso me aventuro a seguir tus consejos y seguir mi vida como si nada hubiera pasado, buscando consuelo en ese camino que se ve borroso y ahora me pides que siga sin ti a mi lado y lo dices orgullosa por que por lo que veo tu ya llevas andado un buen tramo.

En fin, nuestro diálogo termina y el nuevo día comienza ya que tienes un nuevo invitado al banquete de tus labios, aquel que empezará a disfrutar de tu soledad y aprenderá a vestir tu amor ahora desnudo, un nuevo comandante de tu ilusión y enemigo a muerte de la traición. Y para el tengo un aviso especial ya que si caminando a tu lado siente que no están solos debe no preocuparse ya que como he mencionado te has llevado la parte de mi vida que tenía para compartir y nunca más podrá abandonar tus labios sabor cereza y color carmín.

POR CADA VEZ QUE VUELVO A EMPEZAR

Hoy nuevamente encuentro un distinto aroma en tu pelo que va de la mano con otra mirada también extraña. Tú sonrisa siempre discreta hoy parece pecar de impúdica como ignorando que la estoy analizando e incluso muy a mi pesar comparándola con otros días lo cual sé que no debe ser así.

¿Qué significaran tantos días de ausencia? pues solo por decirlo, mil de ellos fueron de aprendizaje, otros tantos llenos de gozo, suma 300 más de buen sabor y estos últimos de excelente ardor.

Abusando ahora de las redes sociales que están tan de moda siempre te estuve cuidando pero quiero asegurarte que lo hice por tu bien, no quería que nada malo te pasara y por supuesto que estuve sólo al pendiente de que ningún otro corazón intentara lastimarte. Por mi parte yo si he buscado nuevas enseñanzas pero es por que ya me encuentro preparado para seguir adelante, tú no, tú debes esperar por si fracaso en mi intento de encontrar mi verdadero yo a lado de alguien más.

A los dos nos han tocado caminos difíciles pero es por que nunca nos habíamos tomado de la mano antes y hoy mojando un cigarro creyendo que lo estoy fumando apagado, me imagino todos los suaves engaños y pruebas del exterior que esperan a ser enfrentados.

Tu debilidad hoy enriquece y fortalece mi futuro pues cada vez que sonríes me doy cuenta que tus suspiros entran en cada inhalación que hago y percibo que la mayoría son tristezas que para mí inmediatamente se convierten en retos. Ningún rechazo es mal recibido, debes aprender que por cada vez que volvemos a empezar un nuevo frío espera ser calentado, cada que nuestros ojos se cierran se abren nuevas oportunidades y como estamos muy acostumbrados a luchar seguimos en pie frente a frente, dispuestos a mirar hacia el mismo destino que tu me indiques, riendo, soñando, disfrutando excesos que tanto nos han llevado hasta este punto. Agarremos el gusto al tiempo perdido por que a pesar de la distancia y tantos caminos paralelos, las pendientes se inclinan siempre con el mismo ángulo.

Te invito a que violemos las leyes de la vida, retemos a la naturaleza con nuestra promiscuidad, cruza ya esas piernas y deja de incitarme, sabes que nunca he podido resistir tus encantos. Mejor hagamos el esfuerzo por ya no mirar al lado contrario y pidamos ayuda al universo pues quiero dejar esas aventuras fugaces de lado y dedicarme bien al futuro que algún día soñamos.

MI PLANETA Y TUS LABIOS

No recuerdo el nombre ni la distancia hacia mi mundo, solo recuerdo el color que tiene muy parecido a tus labios. Ese es mi sitio que me recuerda nadar entre esa espuma que a veces llena tu boca, bañarme con tu saliva y refrescarme con tu aliento.

Ahora siento como tienes fiebre, ya se lo que experimentas cuando me porto tan mal contigo pero sobre todo ya aprendí a interpretar cuando me extrañas. Y para tu mala noticia tengo que informarte algo, debo partir por un tiempo para que empieces a trabajar con esa inmensa soledad que vas a sentir cuando me vaya pero necesito ir a buscarme dentro de un laberinto de sueños con el dulce sabor de otras piernas que espero no sean suficientemente encantadoras como para compararlas contigo.

Y hoy que es el gran día, tú solo sonríes y no dices nada, actúas como si no me amaras y fuera esto lo que estabas esperando, tu mirada me recuerda a una persona que solo me veía como un gran amigo de látex, respondes con indiferencia ante la noticia de mi partida y en lugar de que corran lágrimas por tu rostro y mueras de ganas por besarme, solo abres los ojos esperando el fugaz silencio.

Y es que con todo esto me he dado cuenta de que no te quiero tanto, pienso que me he vuelto adicto a tus maltratos y caricias que muy ocasionalmente me ofrendabas y que le agradezco tanto al creador que te puso en mi camino para poder sentir todo ese cúmulo de cosas.

Pero sigo impresionado por que yo no soy capaz de imaginar la vida sin ti, dime ¿Acaso tu puedes hacerlo? Sé que soy un excelente hombre y una gran pareja pero no quiero serlo para cualquiera, te escojo a ti y literal lo hago.

Es frustrante como el que llora ahora soy yo y no puedo hacer nada para evitarlo. Es como sentir que lo que sale de mi cuerpo ya nunca va a regresar. Esa agua que es vital para algunos tocando el suelo se seca y muere como el sentimiento, tu sentimiento, mi sentimiento, nuestro sentimiento.

Muchas veces eso es algo consolante por que sé que cuando regrese tendrás ganas de abrazarme, estoy convencido que dejarás al hombre con el que la noche anterior dormiste en la cama para correr a abrir la puerta a mi llegada y te repito sin querer lastimarte antes de irme, no te quiero y jamás en la vida te he amado, me sentiría terrible si eres una persona mas que he dejado enamorada. Nuestros nombres no importan, llámame como prefieras pero recuerda mi rostro bien y prepárate para la soledad que sufrirás hasta mi regreso, busca por las paredes las marcas que te harán recordarme y en todos esos espejos que hay por la casa trata de no verme reflejado hasta que por fin el planeta que habitamos te haga recordar mis labios.

CAPITULO VI

SOLO SI SABES REFLEXIONAR EN SILENCIO

EL DISFRUTADOR DE TRISTEZAS

A menudo me pregunto por que la gente se queja de estar triste, uno sale a la calle y se compra algo que siempre ha querido, platica con alguien a quien tiene tiempo de no haber visto, disfruta de una rica cena con quizás alguien que alegra su noche. Viste la ropa que le gusta y mira como el sol inunda su cuerpo quitando lo amargo a una tarde de tráfico.

Siempre miramos el lado positivo de nuestras vidas, la sociedad nos ha clavado en el corazón la idea de ser siempre positivos pero en verdad, ¿Alguien nos ha enseñado a disfrutar un momento de tristeza?

Casualmente cuando estamos contentos creemos valorar más lo que tenemos pero yo no creo que sea así...

Antes de morir en vida, disfrutaba cada segundo que me sentía pleno, gozoso de saber que existo pero en realidad puedo decir que hoy aprendí a disfrutar la amargura, ese efímero placer que pocos tenemos el gusto de saber disfrutar por que un momento solo, triste y con los ojos cerrados es más escaso que otro de alegría y por eso es más valioso.

La seguridad puede engañar tus sentidos haciéndote creer que eres más feliz de lo que realmente mereces, pero contesta esto ¿Así te sientes cuando estas triste?

¿Quién te dijo que esto es malo?

Cada lágrima lleva más y más aprendizaje que un día completo de satisfacción, es más importante este pequeño instante que cientos de días de superflua felicidad.

Por eso creo que un poco de silencio siempre nos cae bien, un poco de humildad en nuestro espacio enseña más que cualquier cosa.

No dejes de creer en mí, yo soy el disfrutador de tristezas, y se que nada enseña más en esta vida.

Nada te hace valorar las cosas más que cuando estas solo y ya no las tienes.

Falta aprender a hacer que el corazón deje de latir para que no duela en esos momentos, pero estoy seguro que poco a poco perfeccionaremos esta técnica.

No quiero ser feliz nuevamente, eso se consigue en cada esquina, en cualquier momento que la vida te ofrece puedes serlo, ahora buscare lo contrario y así disfrutare cada segundo de pánico, quiero pensar que la vida hoy termina por que sólo así me voy a dar cuenta que quizás mañana ¡Ya no quede nada!

VIVA LA NOSTALGIA

Suena hoy la sonrisa de la luna, mi nena vanidosa que engorda y adelgaza todos los meses sin falla, sin necesidad de dieta alguna y con el único ejercicio de observarnos en silencio. Es tan paciente que sólo espera la mirada de alguien en la obscuridad, sabe que la llenarán de preguntas en algún sitio de este planeta caído, por otra parte quizás la contemplen dos enamorados, y quien dice que no puede haber alguien agradecido eternamente con su hermosura.

Recuerdo una plática que tuve con ella una noche de exceso de copas, me insistía desesperada en que hiciera algo por aquellas personas que habían encontrado gozo en la monotonía. Alegando que me era imposible ayudar a tantos humanos que han aceptado la nostalgia, expliqué lo delicioso y placentero que resulta su tierna compañía pero la luna, mi luna, un poco molesta y menguante contraatacó ambiciosa e indignada haciéndome ver que nosotros solo valoramos las cosas cuando no las tenemos. Increíble ese viejo refrán que todos hemos oído y sobretodo padecido alguna vez.

Nos hemos acostumbrado a lo bueno que pronto lo descartamos como si fuera inservible, los medios nos han puesto una pizca de alegría y todo parece un cuento de hadas pero con la diferencia que muchas veces no tenemos un final feliz.

Y a pesar que estamos dispuestos a dar lo mejor, la vida siempre parece encapricharse con nosotros. Nos quita complementos, genera carencias y mi luna retrocede apenada por que sabe que es cierto lo que le reclamo, que sabe de esta falta de respeto si es conocida deliciosa y apreciada.

Por eso prefiere esconderse unos días al mes para descansar de nuestras penas y reclamos.

Lleva muchos años escuchándonos me dice y francamente no ve resultados pero estoy convencido de que será paciente una vez más, tomará de nuevo nuestras peticiones para mover mareas si es necesario y ayudarnos a cumplirlas, es tan sabia y romántica que festeja con nosotros nuestras nostalgias, le gusta embriagarse con el aire contaminado de nuestra atmósfera para sentir lo que hacemos nosotros con el alcohol y duerme radiante escuchándonos entre sueños y risas consciente de que por más que pasen los años, nosotros seguiremos siendo sus más pequeños juguetes fugaces.

MUESTRAS NADA MAS

El día de hoy mi alma me pidió permiso para abandonar mi cuerpo, prometió regresar temprano ya que necesitaba aprender algo nuevo pero ya son más de las 10 y todavía no sé nada. Es uno de esos días en que te sientes vacío y la depresión te desprende del suelo en lugar de aferrarte, el tiempo parece disfrutar ese caminar despacio y sensual que adopta pero es raro que nadie lo note, sólo yo.

A lo largo del día hice mi mejor esfuerzo por dar muestras de cariño pero más que nada parecía entusiasmo disfrazado de engaño lo que me ha desgastado tanto al grado de pensar que mañana será mejor y distinto por lo que cerraré los ojos imaginando que el sol siempre sale del mismo lado de la cama, quiero dar paso a la música que mi día escribió pensando en aquella fiel compañera que pidió permiso de salir para hacerme valorar lo que puedo aprender estando solo.

Prefiero ser yo el que lastime con mi ausencia en lugar de mi presencia por lo que es tiempo de conciliar el sueño llorando, a obscuras una vez más y alejado de todos esos falsos triunfos del día que con soberbia buscan reírse de los fracasos.

En verdad que es extraño y a la vez muy común, la vida nos enseña a triunfar con nuestros errores y los caminos empiezan a mojarse para dar paso a enormes charcos que le dan ese toque de dificultad que todos alguna vez necesitamos vivir como si fueran muestras nada más de lo que llamamos vulnerabilidad.

Pero para mi suerte veo que a lo lejos se acerca algo, muy brillante y flota sobre el piso. Viene de prisa como trayendo un mensaje urgente y por fin reconozco a mi pequeña amiga que viene de vuelta y por su expresión enorme presiento que son buenas noticias.

Cuando abro los brazos para recibirla se detiene antes y toma asiento justo enfrente de mí, empieza a decirme que necesita más tiempo, más días lejos ya que le fue imposible aprender algo en tan pocos momentos por lo que una vez más auguro que mañana será lo mismo que batalle hoy, un conjunto de guerras y altas mareas que tengo que aprender a librar por mí mismo ya que mi fiel compañera partirá de nuevo para buscar enriquecerse por su cuenta y yo, seguiré esperando a que vuelva conteniendo 24 horas más este bello sentimiento.

LA TRISTE HISTORIA DE LOS CASI 30

Hoy tengo algo muy valioso que contar pues estuve detrás de alguien grande. Cerré los ojos y sentí lo que es estar protegido cuando uno no es tan fuerte como quisiera.

Después de eso supe que día a día nos volvemos menos débiles y todos esos retos que la vida nos pone enfrente son maleables como el ego.

Es tan sencillo como la unión de una mujer con un hombre, sabemos que en estos tiempos ya nunca termina la historia en final feliz. Pero no digo que no haya esperanzas, practicando el fino arte de llorar aprendes a sentir lástima por aquella persona que tiene ojos de enfermo, esa persona que quieres pero tiene su mirada perdida rogando por un poco de atención, gritando el suicidio y olvidando que uno también es humano y merece una porción de tiempo perdido.

Después empiezan los espacios sumamente necesarios para calmar la marea, muchas veces eso destroza tu interior pues es difícil olvidar tanta melancolía de la persona alguna vez amada que ahora ya es difícil ayudar.

Pero la realidad es tan distorsionada como la magia misma, por cada paso que das la vida se ríe y avanza dos más que tu y crees que brincando a sus espaldas podrás algún día alcanzarla sin saber que diario algo nuevo hay que aprender por lo que entre más rápido vayas menos asimilas la lección.

Yo por eso dejo que mi edad gane terreno siempre, no llevo prisa por morir y mucho menos por vivir es triste pero así es mi historia.

CAPITULO VII

SOLO SI ERES PROMISCUO

MI SEXY ESCRITORA

Tengo que verte mi bella seductora, me encanta cuando me lees esas metáforas que enamoran, se que por muy locas que suenen simplemente con verte mover tus labios, los míos se mojan y siempre encuentro nuevo el olor de tu cuerpo ya que tus varios pacientes que te visitan al día siempre dejan un pequeño recuerdo.

Pero esta vez no necesito tocarte, me siento cansado y mojado simplemente con verte en tu habitación, por lo que dejo el trabajo en tus manos guerreras que sé sabes utilizar bien ya que como dice la gente enferma por placer "Ayúdame que yo te ayudaré".

Así que hoy quiero que mientras escribes me hagas tuyo, sabes que no quiero enamorarme así que trata de ser menos juguetona ya que tienes el don de conquistar desde el primer trabajo en la cama, sólo quiero que hoy muevas la boca para repetir las palabras que escribes al mismo tiempo que ocupas tu creatividad para llevarme lejos de aquí. Insisto que no tengo muchas ganas de terminar rendido ya que por la tarde tengo que ver a mi pareja que seguramente estará como siempre aburridamente enamorada en la cama, esperando que llegue con noticias de un nuevo movimiento.

Por eso no me cuesta pagar tan sencilla cifra ya que mi libreta de habilidades se ha incrementado notablemente con estos años de escucha, la práctica finalmente viene incluida pues invariablemente debe haber un método para perfeccionar el arte del bien amar, y en nombre de mi sensual pareja agradezco que mi sexy escritora nos mantenga juntos con sus miles de ideas que sólo pueden salir de la mente de alguien con el gran don de la promiscuidad que en mi opinión es lo que evita infidelidades.

La parte de la historia que cuenta la nobleza en el sexo esta fuera de contexto y el aquí y ahora se resume a quien puede provocar más húmedos deseos del adversario en cuestión, en mi interesante sociedad es más conocido el mejor amante en comparación con el mas inteligente por ejemplo, así que con seguir las reglas básicas ya no es suficiente por lo que es una de las teorías sobre el por que la comunidad ya sólo busca pequeñas aventuras casuales sin remordimiento de perder lo que años de trabajo nos han costado.

Pero mi encantadora tutora es un caso especial, siempre profesional no ocupa su talento para sacar provecho, su única función es ayudar a todos aquellos que todavía encuentran en el asco su consuelo, su lengua sirve para más de 5 cosas al mismo tiempo y tal experiencia ha generado que sepa mover sus piernas del mismo modo que sus manos ¿A caso no es esto increíble?

Por eso agradezco a mi interesante historiadora que no hace más que escribir para excitar, nos cuenta historias que llevan al lado no obsceno del cachondeo y con todo esto nos queda la mente plana para recostar nuestras ideas profanas y darles forma humana con gritos y respiros en las partes íntimas de cada persona.

Siempre entretenido y caluroso será el día que leyendo sus metáforas busquemos el placer como verdadero resultado de una gran profesión.

MIRADAS HUMEDAS

En verdad odio tanto que duermas en mi cama, el olor de tu cuerpo es encantador y no reniego por eso, todas las cremas y sprays que utilizas son aromaterapia erótica y agradezco que haya tanta variedad en la promiscuidad del mercado pero me resulta tan poco varonil encontrarme en las noches cuando tu no estas ya que además de que soy un poco menos tierno, confieso que duermo abrazando tu aroma que aún insiste en quedarse a cuidarme. Es como si por tus celos estuviera encargado de proteger su territorio para que ningún otro humor apague el tuyo.

Sin embargo hoy me siento fatigado, hacía mucho que no tomaba esas pastillas para disminuir la potencia sexual que eran ncecesarias cuando era joven por que al pasar de los años encuentro cada rincón de mi cuerpo tatuado con un diferente nombre y todo esto se debe a que en algún lugar leí que el enamoramiento dura solo unos pocos meses y como me gusta la idea de ser feliz, no permito por mi bien y el de mis parejas que estén conmigo más de un año. Sé que suena déspota al principio pero sé que algún día habrá alguien que valore la cantidad de placer que genero en mis parejas.

Y continuando un poco con el tema quisiera presumir mi habilidad con el habla, algunas me llaman el excitador de princesas ya que sé tratarlas como tal para después sacar su lado mas sucio y promiscuo en los 45 minutos que promedio en el acto. Su mirada húmeda me hace sentir triunfador y el olor de su sexo irritado las hace ver menos princesas de lo que ellas creían ser.

Y de manera totalmente contrastante y utilizando siempre la delicadeza como caricia, las que tienden a ser más abiertas en la cama empiezo tratándolas con total admiración, finjo sentirme desesperadamente suyo para que ganen confianza y muestren el arte del no pudor y así hacerlas creer que dominan más que yo la porquería. A esas me encanta tatuar con mis uñas su cuerpo para que después del baño me recuerden coagulado en el espejo y sepan que su ego fue arañado en el silencio.

Pero el grupo que más me gusta y todos ustedes deben saber por que es el de las que se saben nuevas en esto, y no me refiero a ser su primera vez por que, eso me da mucha flojera, no quiero que me recuerden de por vida si no por noche. No olvidemos que debemos renovar el amor cada año así que mi consejo con ellas es besar siempre antes de quitar la ropa, he notado que con el tiempo el cariño ha quedado a un lado para dar sólo paso al gozo, y en ellas eso no funciona. Es mejor dar masaje y caricias viscosas en el cuerpo de estas iniciadas ya que la ternura que sus piernas muestran me recuerda cuando no era tan pervertido, es como un viaje al pasado que dura justo los instantes necesarios para generar el desmayo. Aunque también debemos tener cuidado por que estas suelen ser las que más rápido se enamoran por lo que sin pretender traición debemos enseñarles solo el buen camino de la perdición para que ellas mismas sigan con el destino que pretendan seducir, finalmente creo que la pasión es como una pequeña cajita musical que guardamos dentro del cuerpo de la persona en cuestión, entra por donde empieza el deseo y al terminar la sacamos con una nota más para esperar ser utilizada de nuevo en este fino arte del amor.

LA CASA DEL EDUCADOR

Buena tarde mis jóvenes aprendices, quiero antes que nada agradecer a aquellos graduados que siguen viniendo a esta clase pues como es bien sabido, nunca habrá un día que dejemos en blanco la experiencia.

Mi historia es sencilla pero fascinante, decidí emprender un pequeño negocio sobre las artes del deseo, y digo esto para los que por primera vez nos visitan.

Para empezar necesito que todos los aquí presentes se desnuden para entrar en calor, no tengan miedo de ser intimidados por los más experimentados pues garantizo que con un mínimo de clases entenderán cada uno de los aromas de sus parejas.

Las señoritas pueden permanecer en ropa interior, no queremos para nada embarazarlas el primer día pero para los jóvenes aprendices es un requisito indispensable la liberación de temores, recuerden que como caballeros es a nosotros a quien toca hacer la fase de conquista por lo que lo primero que enseñamos en esta gran casa de estudios es a perder la timidez.

Necesitamos conocer su personalidad ya que en esa base podremos calcular los resultados finales, y dividiremos el salón para fines prácticos. Necesito de un lado a los varones que se saben nobles y educados ya que con ellos será necesario poner más atención. Del otro extremo acomodaremos a los patanes y mal educados pues la estadística muestra que para conseguir amores casuales hay que saber tratar mal a la pareja. Pero no apresuren sonrisas y comiencen a tocarse, también para los hombres buenos tenemos un alto grado de satisfacción.

En el caso de las señoritas necesitamos que todas estén siempre juntas, las mil palabras que sabemos acostumbran a decir más que un macho siempre son útiles para cualquier circunstancia que se consideren en peligro y el apoyo que entre ustedes por naturaleza se ofrecen las hará por siempre el sexo más fuerte. No teman si sienten el instinto de acariciar a un hombre al mismo tiempo varias de ustedes, recuerden que en esta gran casa de aprendizaje toda inhibición esta prohibida y siempre buscamos la liberación y protección ante todo.

Por eso ocupamos muestren todas sus estrategias y siempre que están juntas las ideas florecen de manera maravillosa, toquen sus labios y enreden sus cabellos para gemir en silencio, sus miradas siempre deben apuntar hacia la parte del cuerpo que más les guste de sus presas y dejen que ellos se muestren como son, nadie quiere aquí fingir detalles para conseguir ese premio que todos sabemos que es.

En seguida debemos analizar la estrategia de la voz, las mentiras siempre se convierten en verdades cuando se dicen mientras se besan por lo que ahora mismo solicito un intercambio de lenguas y quiero que digan lo primero que se les venga a la mente, pongan atención en todas esas cosas que las harán imaginar algo que no existe pero que por el simple hecho de escucharlo tan cerca los hará creer que es lo único que deben saber.

Los varones deben siempre pretender que son más de lo que son, la impresión es algo que se borra después de la primera vez en la cama y para ese momento ya obtuvimos la mitad del objetivo del curso.

Por su parte ellas siempre defensivas deben seguir el galante deseo, mi intención aquí es volverlas débiles en esos momentos pues su naturaleza es siempre más inteligente que la nuestra y saben por mucho que haremos todo por conseguirlas en secreto. El poder viene siempre de la mano de ustedes y sólo con mover un dedo tienen el control del momento por lo que las invito a mostrarse débiles para engañar a esos celosos varones que las están llevando a un falso cielo.

Ustedes mis tiernos pupilos, aprendan a respirar en silencio y dejen todos los ruidos para ellas que son las protagonistas de la obra, para ambos resulta seductor escuchar la voz femenina desfigurada y ninguna sonata penetra más las fibras del cuerpo que aquella mezcla de sonido, saliva y placer.

Pero antes de que llegue esta clase a su fin, también debo enseñarles a vestirse después del gran premio, se me hace una descortesía total dejar a su pareja exhausta e indefensa. Como buenos seres agradecidos debo enseñarles a cobijar nuevamente a quien minutos antes dejaron indefensa, es una grosería pensar que sólo tuvieron la amabilidad de quitar la ropa para el intercambio de placer y después dejen que su satisfecha hembra utilice sus propias manos para limpiar y cubrir su cuerpo. Así que por hoy terminamos así la lección, cubran a sus cansadas parejas antes que ustedes mismos y dejen el salón tal cual lo encontraron para mis siguientes alumnos. La cooperación aquí no es necesaria, ésta casa del educador existe gracias a que siempre hay alguien que deja algo más valioso que el dinero y les confirmo que cada día iré aumentando las materias a enseñar a todos aquellos alumnos que estén dispuestos a desnudarse y aprender.

EL PRECIO DE LA INFIDELIDAD

Ellos se consideran una pareja normal, podríamos llamarlos Karla y Ferd sólo por cortesía, aunque estoy seguro que hubieran preferido su identidad en secreto.

De buena fuente sé que ambos se amaban en extremo y la falta de deseo nunca fue el motivo de que yo me apoderara de ellos, digamos que la causa y efecto de mi intervención si la voy a mantener en el silencio.

Me llamo dulzura pero me apodan infidelidad y a pesar de que me consideran malvada, gracias a mí el día de los infelices se vuelve distinto, los tímidos vacían su cuerpo, los reprimidos liberan su deseo y la historia de esta gran pareja pronto la conocerán.

Para muchos soy la cura a todas las enfermedades que provoca la monotonía y en contraste insistentemente siguen humillando y maldiciendo mi presencia cuando debería ser agradecida en exceso. Pero una de mis virtudes es no tomar nada personal, soy experta en dejar ir las cosas que no me importan y perfecto sé destruir a todos mis rivales pues con orgullo puedo decir que tan siquiera una vez he estado presente a lo largo de su vida y si todavía no me conocen, los invito a poner atención a sus parejas ya que tal vez más adelante cuando recuerden que son humanos visitaré su humilde existencia.

Y me río cuando se aferran a que su relación es sólida como una piedra, mi manera de penetrarlos nunca ha tenido falla durante miles de años de vida por lo que sin ninguna prisa iré a ocuparme de aquellos que saben lo bien que pago cuando me juran eso que llaman fidelidad.

Por que aunque lo duden se puede ser fiel a lo infiel y podría ofrecer millones de nombres que apoyan lo que digo pero no quiero que vayan a reconocer alguno que les cause conflicto así que también les recomiendo dejar la pornografía de sus intentos para llenar vacíos, mejor cambiemos el nombre del sexo por triunfo ya que puede resultar menos agresivo y finalmente representa lo mismo.

Es adorable ver como llego sin ser invitado y confieso que nunca he tenido buenos modales por lo que sin mostrar algún tipo de respeto solamente inhibo el deseo mientras son buenos amantes y juro no tener morbo cuando los veo triunfar por tantos años, siempre paciente y atendiendo a todos aquellos que lo necesitan me presento sin flojera en medio para sembrar mi semilla en su caminar.

Pero no quiero tampoco asustarlos y provocar dudas, creo fielmente en el destino y si en este momento no me necesitan me retiro para no quitarles más su tiempo, afortunadamente me sobra trabajo y puedo asegurarles que justo en este instante alguien me esta llamando para acompañarle a romper su compromiso por lo que me despido y les recuerdo que me tengan siempre en la mente, no vaya a ser que su pareja o ustedes mismos mientras escuchan esto sean víctimas de mí.

CAPITULO VIII

SOLO SI ERES FUERTE

MI ENFERMEDAD

Alguna vez escuché que cuando soñamos algo que no podemos alcanzar es por que fue un pensamiento robado lo que se nos metió a la cabeza ese día.

Encontramos fácil tomar prestadas las ilusiones de alguien más para formar un triste criterio que llene el momento.

Encuentro atractivo y encantador estar curado de mi loca enfermedad ya que eso me deja pensar en la siguiente cintura donde comeré y debo confesar que tenía a mi cargo un pequeño club donde el único requisito era que el corazón no tuviera dueño.

Esto principalmente se debe a que necesitábamos el 100% de atención para armar bien la eternidad que nos fue encomendada y no perder a la gente en nuestro mundo. Somos la clave de la sociedad y aunque todos nos miren de manera extraña nuestros pensamientos unidos salvarían la gentil decadencia que ustedes mismos se han provocado.

Quizás tenga que reconocer que me cuesta un poco relacionarme pero creo que las personas no inteligentes me dan flojera y tristemente he encontrado demasiadas ya en mi vida. Por eso hoy estoy aquí leyendo un poco con ustedes y sé que para mí es un gran esfuerzo ya que como todo ser humano siento la necesidad de ser atendido y también adorado. Me gustaría que las cosas fueran distintas y más fáciles pero este es el camino que me tocó vivir y con gusto espero caminar todo el sendero de la esquizofrenia de la mano de un frasco lleno de pastillas que para mi consuelo son las únicas que realmente me entienden.

EL SABER DEJAR IR

Hay básicamente tres cosas que quiero contarles hoy, mi noche empieza a asomarse en el pequeño departamento y estoy tan cansado por este día lleno de adrenalina que no les interesa donde la obtuve. En fin, confieso que estoy muy ilusionado por que sé que después de este gran declamo haré un poco más miserable la vida de alguien y para ser honestos eso me hace sentir mucho más malvado de lo normal.

Es como hablar al aire y en éste tenor, debo confesar que ayer provoqué un suicidio y no de manera literal, simplemente le hice ver a un amigo que su pareja sería más feliz en los brazos de otro hombre así que si en verdad la amaba la tenía que dejar ir. Fue muy doloroso para mí ser el hacedor de la realidad pero tenía que matar ese sentimiento que el todavía creía vivo. El éxito de mi teoría fue hacerle ver que si seguía, ella se iba a convertir en una mujer de todos pues al ya no estar feliz buscaría aventuras cada semana. "Hazla una persona decente y mejor, deja que se vaya", fue la frase que mató todo.

Inmediatamente tuve que seguir trabajando, los consejos tiene mucho tiempo que no los cobro pero este tipo tan soñador me enfadó realmente así que tuve que quitarle el poco dinero que llevaba consigo únicamente para darle una lección. Me encantó ver la forma en la que golpeaba a sus pequeños hijos cuando regresaban con pocas monedas, su amistad fue realmente un reto de conseguir pues insistía en que actuaba por el bienestar de sus críos y aseguraba que eso nadie lo entendía.

Por eso me dí a la tarea de hacerles ver a los pequeños que si los golpeaba y abusaba de ellos en las noches era por que su padre tenía toda la razón de hacerlo, ¿Quiénes eran ellos para ponerse en contra y levantarse en armas hacia su tirano procreador?. Me sentí excelente cuando pude por fin robar todo el capital que aquel gran hombre poseía y regalárselo a unas personas más miserables que ellos, total a su manera esa familia era un ejemplo a seguir. Ahora entiendo como el público en general ignora estas cosas cuando camina por la calle, son irrelevantes para el desarrollo social y cultural de una nación por lo que es mejor no involucrarse y dejar que ellos mismos formen su micro-mundo para que no nos quiten el tiempo tan valioso de nuestras vidas.

Y bueno la mejor historia fue cuando camino a mi casa encontré a una mujer llorando en la calle, se encontraba sentada tomando de la botella de algún tipo de alcohol barato, me encantó su autenticidad al ver que ni la bolsa donde le fue entregada la bebida había quitado. Recuerdo que su desagradable olor llamó mi atención y me ofrecí a comprarle una barra de jabón para que la usara pero su mirada hiriente despertó en mí un interés más profundo así que tomé asiento a su lado mientras golpes e insultos aterrizaban en mí pero estaba decidido a dar mi opinión. No quería ser aburrido así que fui al grano, ella me enseñó más que los otros dos anteriores pues acababa de cometer un aborto y de inmediato por mi parte llegó una sesión de aplausos pues, ¿Quién hubiera querido compartir una vida con esa mujer tan desagradable?. Me levanté satisfecho y con gran esfuerzo la abracé, besé su frente y alejándome rápidamente le repetí la pregunta que antes me había hecho en mi interior.

EL BAILE DE LAS 3 MASACARAS

Me encantas por que no sabes lo que es cerrar los ojos y no tener a nadie al abrirlos, tampoco sabes lo que es esperar a alguien por las noches para que te abrace y éste nunca llegue. Tú siempre has sido afortunada y sobran huellas de tu pasado.

He escuchado mucho de todos tus fracasos que para mí son afrodisíacos, es la esencia de tu atracción que cada vez te hacen más fuerte y sensual ya que por primera vez en mi vida me siento atraído primeramente por tus defectos y después por tus virtudes.

Es como empezar por lo más difícil, un poco de decepción, y así comenzar con las pruebas una por una para obtener el verdadero valor de tu amor, lo siguiente es lo más fácil, seguir el sendero de la ilusión a donde el único enemigo es la traición. La meta obviamente sería plena felicidad que en estas épocas se ha vuelto en verdad inalcanzable.

Déjame regresar a nuestro pequeño baile donde está el tercer invitado, aquel que tiene una gran ventaja numérica, ya que físicamente es capaz de multiplicarse cuando busca tu atención. Admiro ampliamente la sagacidad de mi adversario que puede negar sus múltiples intentos con los ojos cerrados y los dedos cruzados en su espalda y siendo yo sólo un amante lejano que moralmente es atacado a diario, del suelo recojo pedazo a pedazo mi dignidad para tratar de mantenerla conmigo en lo que la decisión sea dada a conocer por tu boca.

Pero aun teniendo las condiciones más adversas, a lo lejos diviso una pequeña esperanza y por muy remota que parezca, la resistencia de tantos años ha fortalecido mi alma. Sé que día a día se acerca y en poco tiempo podré tocarla, es como si jugara conmigo solo para mantener despierto el sentimiento pues las cartas de la mesa siempre están de tu lado y el universo veo que conspira a tu favor.

Quisiera la siguiente vez saltar sobre ti, para no dejarte ir jamás. Eres como esa luz tan brillante que dicen que está al final del camino, y aunque nada de esto me suena familiar he de confesar que muchas veces me siento cansado. La batalla todos los días sale bien librada aunque insisto que el desgaste cada vez mayor algún día terminará provocando mi ceguera. Cuanto más cerca me siento de ti, el sudor frío me despierta, la cordura huye de mi sin que tenga oportunidad de alcanzarla. El despecho de igual modo me da un poco de fuerza para nuevamente levantar aquellos trozos de dignidad que aún no han muerto.

Pero mientras estoy de rodillas veo tus piernas bailando una vez más, es tu encantadora manera de seducir y llenar de esperanza a los demás, sabes bien que el baile aun no termina, todos traemos nuestras máscaras que jamás dejarán ver el rostro profundo y verdadero.

Pero así seguimos y por lo que veo así seguiremos, es maravilloso jugar a ser fuertes. Mientras la música siga sonando y este baile sea de 3 invitados encantado estaré de mojarme los labios esbozando una discreta sonrisa que algún día será de victoria.

TERTULIA, MOCION Y DECISION

Confieso que ayer fue una noche muy larga, las botellas de buen vino dieron paso a lo que con el poco presupuesto que quedaba se convirtió en un fuerte alcohol que prometía en la etiqueta cegar en un corto periodo de tiempo pero la verdad a esas alturas ya todo daba igual. Acepto que hay partes de la noche que no recuerdo bien pero en mis mil ciclos de lucidez hubo una promesa de dejar de beber a cambio de una mejor posición económica, por que en la hora matemática de la reunión en cuestión con orgullo asumí la gran cifra que al mes se iba al drenaje por lo que votando la mayoría a favor de la moción, el resultado fue analizar el daño que por mucho ya era irreversible.

No siento que el resultado fuera totalmente honesto por que gran parte de mi vida la he formado bajo la influencia de algo embriagador pero la gente a mi alrededor piensa erróneamente que lo único que emborracha es el trago, por más que insito que los amores, el sexo y mil cosas más van totalmente de la mano con el mismo efecto. Por lo mismo antes de terminar tuve a bien pronunciar mi discurso que mi quórum alegaba ya había dicho más de diez veces, y con esa falsa aseveración pude demostrar que los que tenían ya un problema con el alcohol eran sin duda todos ellos.

Y aquí sigo en mi pequeño nido que cada vez tiene menos visitas, todos comentan siempre que he cambiado a un grado que me he vuelto insoportable pero no se dan cuenta que ya dejé de golpear a mis parejas, es increíble como el mundo se ha descompuesto a tal grado que ya sólo tenemos capacidad de ver lo malo en lugar de poner atención a lo que realmente sale desde el fondo de nuestra ternura interior, y esos pequeños cambios que ya desde hace mucho no envuelven derramamiento de sangre pasan totalmente inadvertidos cuando deberían ser por el contrario aplaudidos, es a toda ésta gente insensible que me interesa evidenciar con éstas palabras por que no valora el gran esfuerzo que para nosotros es dar ese pequeño paso.

Encuentro en todo esto el por que muchos de mis hermanos han perdido la batalla de cambiar la cara de la sociedad que se atreve a evidenciarlos. Ninguna guerra es fácil ganarla cuando se está solo, y muchas veces la gente con la que estamos sentados contando nuestras mil aventuras no deja de vernos con su mirada extraña pues cada cliente que entra por la puerta de la autoayuda cree que ha sido el ser humano más malo de mundo pero en mi gran experiencia puedo decir que las mejores batallas que he ganado en mi vida han sido en completo silencio, sobran las palabras todo el tiempo para aceptar nuestra gran carencia y sobre todo la falta de orientación hacia ese gran futuro que se nos prometió cuando éramos pequeños.

Pero la clave de la supervivencia es aceptar que estamos solos y en mi caso quiero dejar a mi familia con una buena imagen de mí, creo que es terrible levantar del suelo un rostro dañado por tantas heridas de guerra y no saber como curarlo, mirar a los ojos a alguien que no sabe pedir ayuda muchas veces resulta demasiado fuerte para algunos, es como cuando una persona tiene que partir de este mundo y a nuestro pesar queremos obligarlo a quedarse y cada día su degeneración provoca un aumento a nuestra insatisfacción. Invariablemente el abuso en el consumo es nocivo para la salud y a pesar de que siempre lo supe lo quise llevar al tu por tu para ver quién era el más fuerte y digamos que en este caso no perdí, quedé en segundo lugar.

Por eso dicen que siempre tomes el amor y corras lo más rápido posible, ningún vicio es tan difícil de controlar y obvio que las peores traiciones no se acaban con una nueva botella así que con esto quiero dejar claro que las constelaciones siempre fueron mis consejeras cuando tirado en el suelo no podía mover una sola extremidad de mi cuerpo,

y siempre pensando en dejar el mejor recuerdo a mis seres
queridos, que si somos sinceros de mí eran amados, llegó la
solución definitiva y no me culpen mientras descanso pues
todas sus lágrimas ahora me llegaron tarde por que con ellas
esperaba llenar los vasos del gran vicio que siempre grité me
quitaran pero su palabra siempre fue la misma vacía letra
que se enamoraban de repetir, por mi cara desfilaron más
de diez supuestos amores de mi vida y nunca hubo alguien
que tuviera el valor de permanecer a demostrarlo así que
en este momento de verdades ¿Quién es el valiente que se
atreve a pararse a mi lado para decir que hizo lo que pudo?,
no creo que tengan la fuerza necesaria para levantar mi fría
mano tratando de calentarla con sus besos y mucho menos
se atrevan a acariciar mi frente que ya tiene ese tercer ojo
cerrado.

Es ahora encantador verlos reunidos a todos incluso
a aquellos que todavía debo un poco de dinero pelear en
éste ritual de luto tratando de recuperar algo de lo prestado
y afuera sin embargo luchando por subir las escaleras mis
mejores amigos que aún siguen en la batalla pero malheridos
intentan darme el poco cobijo que les queda y también se
agradece la escasa dignidad que pretenden compartir conmigo
para que me acompañe en este último viaje y batalla que
como dije anteriormente, debe ser ganada en silencio.